JN410931

나를 잃다

임술랑 시집

인지
생략

들꽃시선 148
나를 읽다

지은이/임술랑
펴낸이/문창길
초판인쇄/2022년 10월 20일
초판펴냄/2022년 10월 25일
펴낸곳/도서출판 들꽃
주 소/04623 서울 중구 서애로 27(필동3가) 서울캐피탈빌딩 B2-2호
전 화/02)2267-6833, 2273-1506
팩 스/02)2268-7067
출판등록/제2-0313호
E-mail:dlkot108@hanmail.net

값 10,000원
* 파본된 책은 바꾸어 드립니다.

ISBN 978-89-6143-224-5 03810

들꽃시선 148

나를 잃다

임술랑 시집

들꽃

| 自序 |

누추하고 비루하게 살면서
시 한 수 써 보겠다고, 진흙탕에 거꾸러지기도 하고
아
노자 장자 불교 공부를 하다 보니
드디어
고요하고 고요해져서
날 잃어버리는 곳까지 도달했다
이것은 구원久遠인가
물어보면서
그동안 여러 잡지에 실렸던 진흙탕 졸시들을
오래된 순서대로 나열해 봅니다
그러나 아직,
연꽃은 뵈지 않습니다.

2022년 가을
상주尙州 회상리回上里 우거寓居에서

차례

제2부 화살나무

| 나를 잃다 |

제3부 좋다 좋다

제4부 혀 숟가락

제1부 나무에 노크

나를 잃다

회화나무 그늘에 나는 있습니다
저 쪽 언덕에서 당신이 보기에
나는 없습니다
기름이 흐르는 회화나무
그 그늘에 내가 가려져

그러다 그러다
바쁘게 살다보면 또
그 하던 일들을 잊어버리고
거기에 있던 나는 또
없습니다

나는 나를 하루쯤 훗날 잃습니다
그러나, 방금도 깜박깜박
비몽사몽
지금 지금 잃고 있는
나를 봅니다

잠 · 2

오늘 내가 '죽자' 해서
죽었는데
아침이면 다시 살아나고

저녁에 또 '죽자'해서
죽었는데
아침이면 다시 깨어나고

내가 죽었을 땐

아무것도 모르고
아무것도 없었고
아무것도 아니었는데

아침에 다시 살아 일어나니
신기하고 기묘하다
나는 귀신인가 사람인가

죽었다가 살았다가

저 단풍

한 생각만 하기에도 너무 벅차네
저 단풍
빨갛게 물이 들었네
이대로 갈 길이 너무 멀다면
아 생각을 생각을
생산치 말자
관세음 관세음 관세음보살
천 가지 만 갈래
흩어진 심사心思
갈 길은 한 길이면 그저 족하여
무상無常의 빛
붉은 색동
단풍丹楓이라네

* 《작가정신》2021

마지摩旨

사시巳時에 부처님께 올리는 마지摩旨
그 고봉밥 한 그릇에
맹물 한 사발
상주시 모동면 반계리 봉쇄수도원에서는
후드수도복의 젊은 사내들이
그 맨밥 한 그릇, 한 병의 물로
밥알 꾹꾹 씹으며
하루를 살아내는데,
오늘 구내식당에서
내가 배고파 보였나
아주머니가 수북이 꾹꾹 눌러 뜬
밥을 갖다 주는 것이었다
김치찌개 국물까지 싹싹 핥아버리고
식판을
그릇 놓는 구멍으로 밀어 넣을 때
나는, 그 창구窓口에서
나의 장례가 이뤄지는 것 같이
느껴지기도 하는 것이었다

* 《사람의 문학》2021 여름

이팝나무 · 2

먹고 살만하니 말이 필요 없네
그동안 참 많은 말 했네
이제는 필요 없네
오늘
이팝나무와 악수를 했네

*《사람의 문학》2021 여름

노래

어둠 속에서 에 애애애 엥
모기가 노래한다
귓바퀴를 뱅뱅 돌리는 저
강력한 노래
부처님은 게송 하나로 중생을 구제했고
시인은 그 노래로
많은 이의 마음을 아프게 했다
노래 하나 지으려고
몸을 불사른
이 촌구석에 무명시인도 있었지만
한밤중
고요한 귓가에 대고 부르는
저 노래는
결국 나의 손바닥에 작은 점
눈물에 번진 글씨를 썼고,
그 노래는 멈추고 말았다
음절이 이어지지 못한 글자
형태소 한 획만 남기고

이 같잖은 놈의 노래는
그렇게 내 손바닥에 기록되고
지워지고 말았다

* 《상주작가》2021

부처님 말씀

당신이 톡으로 보내 준 사진
미소 진 입술 속에 가지런한 이빨
확대해 보니
윤기가 자르르 흐르고 빛이 난다
언젠가 건봉사乾鳳寺 진신사리를 본 적 있는데,
그 석가모니 치아사리가
그대 것인 양
당신 입에서 흘러나오는 말들이
다 부처님 말씀 같다

* 《상주작가》2021

복룡동당간지주伏龍洞幢竿支柱

내가 이 당간지주 앞에서
머뭇거릴 줄 몰랐다
그러다가 이 지주처럼
여기에 붙박일 줄도 모른다
거대한 기둥을 세워
불佛깃발 휘날리던 하늘은
크고 바람도 많다
당간지주가 있는 횡단보도
여기 머뭇거릴 이유가 있는가
내가 그대를 몹시도
사랑하는가
살이 뽀얀 당신
아아
나무아미타불!
나무아미타불!

* 《상주작가》2021

발동기

사람이 사는 것이 살아 있는 것이
마치 발동기 같다
굉음을 내며 요란스럽게
저 혼자 고집스레
악착같이
골똘하게 돌아가는 발동기
흰 연기를 뿜으면서
바르르 떨면서
무엇인가로 향해
끊임없이 자기 몸을 부수고 있었는데,
아
시동이 잘 걸리지 않는 어떨 땐
냉정하게 식어서
아무 기척을 못 내는
저 차가운 물건이
하루를 펄펄 끓이면서 돌아가던
그 발동기였나
그 발동기였나

* 《상주작가》2021

신新제품처럼

철거 작업장이던 공터에
해는 뜨겁고
곁에 선 나무가 운다
오직 땅바닥만 바라보고
절을 하고
절을 했던 인부들은 갔고
다만 구석진 곳에 뒹굴고 있는
소주병 뚜껑 하나가
신新제품처럼 반짝 빛났다

* 《상주작가》2021

음모陰謀

TV 소비자 고발
밀봉 포기김치에서 꼬부랑 음모陰毛가 나왔다
고발한 주부는
머리카락도 아니고 어떻게 이게
거기 들어가 있는지
의아해했다
그 주부는 예뻤다
김치공장에서
머리에 수건을 둘러
머리카락은 안 빠뜨렸다지만
김치 버무리던
누군가의 노팬티 음모
나도 그게 궁금했다

* 《상주작가》2021

공사판에서 예수

대못에 찔려 절뚝이며
십자가 같은
오비끼, 어깨에 지고
나르는 예수
땀내에 절여
목수건은 후줄근하고
표정은 찌그렸다
고개 들어
해를 보니,
아직도 중천中天이다

* 《상주작가》2021

잠

잠과 같이 고요하게, 평평하게
어긋나지 않게
힘을 빼고, 시체처럼 늘어지게
생각을 생산하지 말고
꿈은 나비처럼 가볍게, 무료한 몸을
간지럽게
잠과 같이 이승과 저승을 넘나들며
빗碑돌을 핥고 가는 구름처럼
억새에 베여 달아나는 바람처럼
죽었다가 살았다가
일어났다 앉았다 뛰다가 걷다가
가다가 말다가

* 《상주작가》2021

중동면 갱다불길 100

저 기와집 밑을 돌아서 오라
그대가 앉았던 그 자리 사무쳐
강바람에 머리결 헝클리는데
저 산 모퉁이를 돌아서 오라
그대 그 고운 걸음 사뿐사뿐히
산그늘 쓸고 서역西域으로 갔으니
있다고있다고 말 할 수 없고
여기다여기다 할 수가 없네
고정된 마음은 뒤엉겨 혼동되고
소나무 그늘에 보랏빛 맥문동
방아깨비 날아가다 멈추는 것을
오래도록 울어대는 매아미 소리
동구 밖 서성이다 돌아서 오라

*次韻 朴泰苂
* 《상주작가》2020

나무에 노크

나무에 노크한다
다가서며 너에게 못하는 노크
단단한 살결의 감촉
통통통 울리는 목소리
그 속으로 대지의 신호가 닿고
하늘의 메세지 파르르 떤다
그 끝을 쳐다보면 우주가 흔들리며
비틀비틀 우듬지에 선
나를 뽑아 올린다
가볍게
나뭇잎 한 장에 싸서
허공에 던져 버린다

* 《상주작가》2020, 《산림문학》2021 봄

가고 마는 길

안 본다 안 본다 하다가
취한 김에 다시 본다
우리는 서로가
운명을 미워했었나
눈 흘기며 스쳐갔다
뻐꾸구
뻐꾸구
먼 산이 울 제
다시 오마 기다렸다 말도 못하고
너는 네 생각
나는 내 생각에 갇혀
아니다아니다 하며
가고 마는 길

* 《상주작가》2020

이팝나무

나에게 돌아오는 길이 아니고
내 앞에서 엇갈리는
희비쌍곡선喜悲雙曲線
내가 어떻게 할 수 없는 것들을
가슴앓이 하나로 붙잡고 있어
늘상 자연自然이 그러하다
놓아버리면
집으로 가는 길에 이팝나무는
밥 한 그릇 먹고 가라
소복이 떴네

* 《상주작가》2020

부들

- 향포香蒲

부들처럼 서 있으리라
발걸음 멈춘 그 자리에 그대로 그러하게
바람이 불어도 꽃비가 흩날려도
말쑥하고 꿋꿋이 흔들리리
세상이 변하고 인간人間이 떠나도
섰다가 마르면 천천히 걸어서 가리
섰던 모습 비추던 물속으로

부들처럼 서 있으리라
꽃들의 꽹과리, 나비들의 흐느낌
별들이 밤새도록 빙글빙글 춤추는
퀭한 하늘
하나가 둘이 되고 둘이 셋이 되는
그 안에서 홀로이 떨어져 서성이는
부들 부들

부들부들 떨면서 서 있으리
내 안에 내려앉은 이 하늘빛

부드러이
부드러이
어루만지며

《상주작가》2020

혜근을 만나다

자동차 수리점 대기실 앞자리에 앉은
영감님한테 전화가 왔다
거기서 기다리겠다는 여자 목소리가 들렸다
영감은 속삭이듯 "그래" 했다
전화기를 귀에서 떼고 내려다보이는 화면에는
'어혜근' 이라는 이름이 보였다
영감님 자동차 수리가 끝나면,
'혜근' 을 만나러 가겠구나하고
나는 부러워했다

* 혜근: 나옹화상懶翁和尙 혜근惠勤.
* 《상주작가》2020

비자나무

당신을 안았을 때
그 가슴이 포근할 것 같다
겨드랑이 사이로 내 팔을 넣고
그대 등을 쓰다듬을 때
당신은 포근하게
나를 안아줄 것 같다
껍질을 누르면 스펀지처럼 눌려지는
그렇게 받아주는 나무
섬휘파랑새 울고 가는 가지에
이 우주가
이 세상이
걸려있다
그래 당신은 내 우주이고 세상의 끝이다
내가 세상에 머무는 동안
당신은 나를 통째로 사랑하였다

* 《상주작가》2020

제2부 화살나무

멈춤

하루의 멈춤은 잠이요
일생의 멈춤은 죽음이니
멈춤 이후에 나는 없는 것
이 세상은
이 우주는
그대들 것이다

*《상주작가》2020

돌아서는 길

뒤돌아서면 바로 닿는 가까운 길을
앞만 보고 힘들게 멀리도 왔다

금방 잊을 수 있나 하시옵길래
그렇다 흘겨보고 끄덕였는데

터덜덜 등 돌려 돌아 나오다
이참에서 멀찍이
돌아보면 어쩌나

* 《상주작가》2020

원추리

이 산길 홀로 걷다 만난 원추리
나와 그대 인연은 이런 것이네
지나가면 다시 못 볼 은하수 너머
밤마다 별들은 춤을 춘다네
상관이 있는 것을
상관이 없는 것을
무관無關한 소매 깃 스치고 나면
그대는 또 사물로 저만치 서고
별똥별 비틀비틀 낙하할 때에
이 길을 돌아돌아 울며 간다네

* 《산림문학》2020 가을호

기우뚱하다

해월海月이
좌포도청左捕盜廳 담벼락 아래 놓인 걸상에
걸터앉았을 때
그 작은 눈 속에 6월 온화한 빛이
한 모금 목을 축이고 있었다
귀신몰골을 하고
땅구멍에서 불어오는 바람에 몸 한 번 뒤척일 때
기우뚱 자꾸 옆으로 넘어지는 것이었다
보따리 감아 끼던 그 옆구리 쪽으로 자꾸
기우뚱 기우뚱하는 것이었다
교수형 집행하려던 포졸들은
해월이 또 무슨 도술을 부리는 줄 놀랐는데
하늘에 해도 기우뚱했고
세상도 기우뚱했다

* 『낙동강시선집』2020

똥 밟은 발자국

처음 발자국은 선명한데
점차 복도 쪽으로 디딘 발걸음이
희미해져 갔다
그를 놓치겠다
똥 묻은 발자국의 행방이 묘연해졌다
그 냄새가 뱃속으로 다 달아났다
찾지 못한 그가
모든 사람이 되어
이 건물 속에서 왔다 갔다 한다
지상에 족쇄여
너는 어디 있을 것이다

* 《미네르바》2020 봄

옷에 술을 쏟고

옷에 술을 쏟고
눈물도 한 방울 떨군다
고구려 벽화처럼 술칠을 하고서
한 생각에 꽂힌 사람
너도 그립다
나도 그립다
옷이 울고 석양은 탄다

* 《시에》2019 여름

충혈充血

사자가 얼룩말 몸통을 한 입 물어 뜯고
먼 하늘을 쳐다보는 것과 같이
석양은 붉게 물들고
내 눈도 충혈 되었던 것이었다
천황지변天荒地變
나는 이 사막 한 가운데
홀로 서 있는 것이었다

* 《상주작가》2019

바다와 쟁기

수만 밭이랑을 가진 바다여
순간순간 지은 농사를
수평선 너머
하늘에 바치고
쏴아 쏴아 찬가를 부른다
우리가 이 농토를 부여 받아
숨 쉬는 아침에 받은 밥상엔
해가 동그랗다
저녁상에는
달이 동그랗다
밤이면 그 밭이랑에 무서운 어둠이
무너지는 소리소리
나는 다시 이 바다를 갈려고
쟁기를 고친다

* 《상주작가》2019

열쇠

철거 공사판에 빠뜨려진 열쇠 하나
한때는 누구의 몸을 열던
은빛 날
뒹굴며 고독하게
쓰러졌네
금고金庫의 기억이 가득하였지만
석양은
산을 물들이네

* 《상주작가》2019

내가 쓰러진 곳

그대를 기다리다 지쳐
길 위에 누워버렸다
술병을 깬다
취객처럼 변장하여 오히려
덜 부끄러운 사랑이여
이 누추한 세상에
더러운 사랑
그대가 지나던 그 길목은
내가 쓰러진 그 곳이었다

* 《상주작가》2019

화장장 가는 길

좁은 길인데도
승용차가 경적을 울리며
과속을 한다
나는 움찔 겁 먹고
길 옆으로 비켜 섰는데,
이 길 끝에는
낙동강으로 길이 끊기고
그 지점에
화장장火葬場이 있다는 걸
미처 알려주지 못했다

* 《상주작가》2019

추억에게

나와 당신의 아름답던 시간이 묻어 있던 물건들이
한갓 티끌처럼 움직이지 않고 있으니
지금 바깥으로 세상을 움직이는 힘은 어디 있는가
다만 추억만이 묻어 있는 이 방의 물건들은
무無의 기억 속에 저장되어
다시는 깨어날 수 없는 상황에 놓여 있음을
어떻게 알 수 있겠는가 내가
이 작은 존재자가 드디어 전지전능의 상태로 구원 받아
모든 것을 인지할 수 있는 상태에 이르면
그러한 추억은 한낱 바람이라는 것을 알 때
그대는 배신당하지 않았는가 하여
하여
쓸쓸히 이 고요를 만져보는 것이었다

* 《상주작가》2019

개처럼

점촌 장날 가축시장
트럭 위 철망에 갇힌 백구
혓바닥을 빼고
숨을 헐떡거리며 두리번거린다
보니 이빨이 건강하다
예전 우리집에서 먹이다 개장수에게 넘겨버린 놈처럼
크고 눈빛이 형형하다
어쩌랴
고개를 들고 우우 늑대처럼 울기도 한다
그 몸을 어쩌지 못해
좁은 공간을 불안하게 서성인다
그대처럼 그 몸이 근지러워
뭇 사내들과 몸을 섞던 그 실존
개처럼
나도 그도 어쩌지 못 한다
이 몸을 이 살을 이 고기를
태워 향내를 피우는 향연
어쩌랴 그게 지금이라는 것을

헐떡헐떡
그 몸에서 두근거리는 숨을
나도 그도 어쩌지 못 한다
하늘은 노곤하다

*《시에》2019 여름

병성천에서

풍물단에서 꽹과리를 치던 상쇠가 죽었다
비탈진 길에서
농사용 트럭이 미끄러져 도랑으로 곤두박질했기에

그 도랑물이 흘러나와
내川가 되고
강江이 되고

낙동강 기슭 화장장에 피어오르는 연기

남천과 북천
동천을 모아
병성천이 되고
다시 낙동강으로 흘러드는
저 강을 바라보는데

물결이 출렁 할 때 마다
그 상쇠가 깨져라 두드리던 꽹과리 소리가 난다

꽹과리 소리에
눈물을 흘렸는데

한 방울이 강물에 얹혀 반짝한다

* 『낙동강시선집』2018

부러진 스프링

부러진 스프링 하나가
인도人道 보도블록 위에 떨어져 있다
누구의 아픔과 기쁨을
힘겹게 누그러뜨리며
세상의 짐을 나누어지다가
결국 부러져
뒹굴고 있다
부품들 속에 있을 땐
아무도 너를 보지 못했지만
길에 나와 밟히게 되니
네가 무엇이었는지 궁금해 한다
바람은 차고
길 잃은 노숙露宿이 꽤 되었는지
스프링 끝에 붉은 녹이 슬어있다
그러나 아직도 탱탱한 강철
강인한 쇳소리가 숨어 있다
돌아보면 네 과거는 없고
현재만이 존재하는

지금은 다 쓸모없는 짓
나는 길 옆 영산홍 뿌리 쪽으로
그를 밀어 수목장樹木葬시켰다

* 《불교문예》2018 여름

산수유

박새가 빨간 산수유 열매를 쪼고 있다
산수유, 그 마른 가지가 꿈틀거린다
당신에게 가까이 갔을 때
그대가 떨던 것처럼
박새는 기억할 수 있을까
조그만 봄 햇살을 모아
노란 꽃을 가지에 걸던
추웠던 여인의 손길을
바닥에 떨어진 남루한 이승의 옷
바람에 이리저리 쓸릴 때
박새의 입속에 들어가
그의 장기腸器를 더듬고
그 항문을 훑던 씨앗이
다시 봄을 기다릴 즈음
손님처럼 박새는 후드득 날아가고
산수유 벗은 가지엔
또 신음소리가 걸린다

* 《불교문예》2018 여름

맷돌

그대를 사랑하여서
입도 돌아가고
눈도 돌아가고

빙글 어지러운 그 길 위
앞도 옆도
다 돌아갔는데,

이 맷돌 돌리고 돌려
부서지는 맘이여

* 《나래시조》2018 봄

화살나무

잎을 다 떨어버리고 겨울 화단에 선
화살나무는 굳세고 단단하다
시위를 늘이려는 그 팔뚝하며,
자세가 역동적이다
화살의 날개로 온통 뒤덮인 가지는
청동青銅처럼 고전적인 색이다
그에게로 가까이 가 보니
가지 끝에 새 촉을 틔운 것이
움직임 없이 가만히 눈만 뜨고 있는 악어처럼
살아 있는 듯 했는데
나는 처음에는
이 나무가 바깥으로 온통 화살을 쏘아서
자기를 지키려고만 한 줄 알았다
다시 보니
화살나무는 그 내부로, 그 뿌리로,
그 자신에게로
온전히 화살을 쏘아대고 있었던 것이었다

《산림문학》2018 봄

목련꽃

목련꽃 핀 나무 아래서
그녀 가슴을 핥던 때를 생각한다
가만히 더 돌이키니
꽃 속에서 달콤한 향이 났다
고고한 한 송이 목련을 어떻게 더 기억해야 할까
그는 벌써 치마를 올리려하고 있는데
그 가슴을 다 핥아서
내 혀가 그를 다시 기억할 수 있게
가는가는 시간을 붙잡아 본다
목련꽃 핀 나무 아래서
나는 지금 내가 아니다
꽃이 돌아가면 님도 내 곁에 없는데,
누군가? 이 땅에 단 한 번 나타나서
앞에 있어도 앞에 없는 듯
모호한 정체로 그 아름다움을 느낄 수 없게
방해하는 자당신인가
가슴에서 달콤한 향내를 남기고
다시다시 없는 존재

목련꽃 그 그늘은 귀신에 홀린 듯
있어도 없다
아니 그게 무엇인지 모르게
한 오라기 분 냄새만 남기고 지나가 버린다
아름다움과 존재는 이렇게,
어안이 벙벙하다

* 《산림문학》2017 겨울

혹등고래 종이접기

엄마를 기다리며 낮에 종이접기를 했다
인터넷 동영상으로 혹등고래 접기
앞발이며 뒤꼬리도 만들어
상床에 올려놓고 외출
친구들 만나러 갔다가 좀 늦었다
엄마가 일 마치고 돌아와
발견한 편지
혹등고래 배를 갈라보니
아무 글자도 없었다
다시 보니 종이접기 혹등고래
반가운 편지글이 아니어도
엄마를 기다리며 접은 종이 조각이
정갈하게 상 위에 올려져 있는 것이
엄마는 기뻤단다

* 《애지》2017 겨울

제3부 좋다 좋다

순흥리 고분벽화

당신과 이 무덤 안에 들어 와 보니
조금은 겁이 났습니다
우리들의 얘기는 이제 마악 시작되는데
여기는 벌써 저승이기 때문입니다
이승에 있는 저승의 그림이 무서웠습니다
색상이 아직도 생생한 것이
내 허물이 칠해진 것 같고
마른 흙 사이로 어디서 바람소리가 나는 듯 했습니다
아무리 아무리 당신을 훑아도
천년 세월은 간데도 없고
만년 생각은 어지럽기만 했는데
혼돈 속에서
아직도 나는 당신 손을 잡고 있는 것 이었습니다
붉으락 푸르락한
벽화 속에 사인使人이 되어서라도
그대와 나
천년을 만년을
한 공간에 있고 싶었던 것 이었습니다

* 《애지》2017 겨울

쾌재정 가는 길

보라색을 좋아하는 나는
오디를 딴다
따서 입술에 묻히면
파란 하늘이 된다
그대와 걷던 길이
이런 뽕나무 길이었던가
그것은 전생前生, 현생現生, 후생後生을
통틀어
하나 밖에 없는 길
채수蔡壽 선생 설공찬전 읽으려고
상주시 이안면 이안리
쾌재정快哉亭 오르는 길
거기 오딧빛 후생의 사람들이 모여
이야기 나누는 곳
아름답게도 나는 아직
현생에서
당신을 사랑하고 있는데,
그대와 후생에 대한 기약은

나를 떨도록 기쁘게 한다네

* 《상주문학》2017

새똥, 만다라

나뭇가지만한 하늘을
날아다니는 새들은

공중에 둘 수 없는 배설물
바닥으로 찌익 뿌린다

젖은 똥 활활 마르면
그려진다
만다라曼陀羅

* 《나래시조》2017 가을

하구河口에서

바다와 민물이 몸을 섞는 하구에서
썰물을 따라 빠르게 안겨드는 민물이여
어화漁火가 먼저 뜨고서
이어서 둥둥이라

모래톱을 길게 돌며 서성이다 돌아오면
휑하니 바람만 불고 오지도 않는 님
온데도 간데도 없는
모래벌 위 자취여

나 이러고 서 있을 거요
얻음과 버림의 경계에서
한 자국 디디면 나락奈落으로 떨어지는
생生과 사死
서슬이 퍼런
방황의 끝
결절決折이여

* 〈상주신문〉 2017.8.14.

하현달

이 가로수 길 끝으로 처녀들이 지나갔고,

어둠이 왔다
외등 불빛
달아나는 자동차들

하늘엔
먹다 남겨 둔
술병 같은
하현달

* 《나래시조》2017 봄

화엄사 홍매화

나무는 늙었어도
꽃,
꽃은 어려요

가고 가는 세월은
거칠고 굳세어도

피고 또
피는 지금은
처녀 같이
설레요

* 《산림문학》2017 봄

흰 비닐봉지

밤인데
자정이 넘었는데
바람이 붕붕 든 비닐봉지 하나가
아스팔트 도로 가장자리를
슬슬 움직여 본다
가끔씩 지나가는 차들도 있는데
그 비닐봉지가 또 움직인다
스르르 미끄러지듯
직선 운동을 한다
한 밤중에
백년 묵은 여우가 사람이 되길 원했 듯
그도 무슨 영물靈物이 되기를
소원했나 본대
아 그게 꿈이었던가
아침에 일어나 보니
봉지에 바람은 빠지고
땅 바닥에 척 늘어져 있었다
더 이상 움직이지 않았다

* 《불교문예》2017 봄

한강을 건너며

전철이 한강다리 위를 달리고 있네
탁탁탁 탁탁탁탁 어머니가 도마질을 하시네
이렇게 하늘 높이서 구름과 같이 길을 달리네
철로를 받히고 있는 교각은 잠시 우리가 지나가기를
기다린다네
먼저가면 천천히 오려고 은근한 힘으로 서서 기다린
다네
바람이 불고 기침을 하네
세월도 가고 님도 오신다 하네
가볍게 나르는 기분
오랫만일세
이 강을 건너면 저 세상이라네

* 《작가정신》2016 하반기호

반면교사反面教師

아버지는 가르쳐 주셨다
자기 몸을 망치면서도
그 고집
억지
인색
무지
숭막 같은 짓을

아버지는 가르쳐 주셨다
자기 몸을 망치면서도
자식을 위해
어리석게도
광대놀음을 계속하셨던 것이다
그 몸이 사그라질 때까지

* 《사람의 문학》2016 겨울호

당신의 의식주

당신 옷장 옷걸이에 가지런히 걸려있는 난방셔츠들
그대에게 다가가고자 준비된 마음들이
즐거운 맘으로 기다립니다
나프탈렌 향으로 깨끗하게 잘 마련된 오늘
당신도 집 안방에는 옷장이 있겠지요
당신의 그 소중한 자존을 깊이 사랑합니다
당신이 오늘 골라서 입고 온 옷자락
그 펼쳐진 인연으로 우리가 어울리고
사람으로 살아갑니다
당신을 사랑합니다
당신의 의식주도 사랑합니다

* 《사람의 문학》2016 겨울호

좋다 좋다

바닷가 망고나무 하나가 가볍게 가지를 흔들며
좋다 좋다. 한다
파도가 치고
태풍이 불어
바다를 뒤집을 듯 세상을 몰아세워도
키 작은 망고나무 하나는
좋다 좋다. 한다
아침이면 바다는 평온하고
뒤집어지지도 않는 윤회를
늘 되풀이 한다는 것을
나무는 한 자리에 앉아서도 다 알고 있다
태양이 내리쬐고
살랑 바람이 부는데
키 작은 망고 나무 하나는
좋다 좋다. 한다
그 풍경이 이 풍경을 보는 태도
그 너는 나이고
나는 너였음 좋다 좋다

* 《상주문학》2016

동전의 양면

이쪽으로 뒤집어져도
저쪽으로 뒤집어져도

십원짜리는 십원이고
백원짜리는 백원

아무렴 어떤가 그려
선택이란 없다네

* 《나래시조》2016 가을

백로白露

벼린 칼날은 녹이 먼저 슬고
가을 풀잎은 슨 녹과 같다
이것 저것 생각나던
일거리 두고
계단을 내려서면
서늘한 등골이여
나는 눈물 한 방울로
이 무정無情을 탓하고 있다

* 『낙동강시선집』2016

지붕

맞배지붕, 팔작지붕, 우진각지붕
그리 뾰족한 각도 아니고
좀 널편한 저 너그러움은
우리가 하늘을 대하는 어떤 예의쯤으로 충분할 것이니
뿌리는 비를
내리는 눈을
받아드리는 겸양의 덕이여
이렇게 우리는 하늘을 모시는 것이다
그리고 그 안에서 포근하게 인간의 일을 한다
구름과 바람을 햇빛과 달빛을
고이 받아 땅으로 내려놓는 한 단계
인간은 지붕을 밟고 하늘로 간다
지붕이여
인간의 마을에는 지붕이 있다
석양에 고즈넉이 넉넉한 지붕
그 갈맷빛
아름답다

* 《창작21》2016 여름

산으로 가네

남들처럼만 살자고 당신이 붙잡았지만
남들처럼 사는 게 쉬운 일인가
바깥에선 이렇게들 멀쩡하지만
집에 가면 그게 아니다
어떤 집은 솥이 깨졌고
옷이 째졌고
항아리에 금이 갔다
방바닥에 드러누운 자식이 있고
도끼를 휘두르던 아재비
4년간 결석한 초등생, 냉동실에서 발견
일천 개의 강에 비친 일천 개의 달빛이여
억조창생의 가슴에는 억조창생의 근심
남들처럼만 살자고 당신이 붙잡았지만
가네 가네 나는 가네
산으로 가네

* 《창작21》2016 여름

인력引力

아침에 빼꼼히 찾아오는 해처럼
저녁에 어느 새인지 떠 있는 달처럼
이 몸은 당신 곁에서 빙빙 도는 해와 달

자동차를 타고서 집에서 멀어질 때
멀어지는 거리만큼 그리워지는 당신
도저히 신이 없다, 이 길은 먼 길은

* 《나래시조》2016 여름

나무

나의 밤을 지키는 나무는 원시로 부터 살아 온 공룡이다
나의 말을 엿듣는 나무는 뻣뻣이 살아있는 화석이다
밤에 안개 속에서 머리를 풀고 있는 나무는
자기들이 점령했던 지구의 이 영토를 되찾기 위해
독립군처럼 모의를 한다
언젠가는 그 잃어버린 옛날처럼
한 발작 건너 한 그루씩 빽빽하게 들어 선
나무들의 세상을 꿈꾸고 있다
밤에 나무를 보는 것은 낯설다
밤에 숲을 보는 것은 인간이 태동하기 이전 세상을 보는
것 같다
인간들이 스러진 이후 세상을 보는 것 같다
밤에 나무는 별들과 교신한다
아직 자기들의 존재가 건재한 것을 우주에 알리고 있다
밤에 나무는 낮에 감았던 눈을 뜨고 있다
그 숨을 가득 대지에 불어 넣고 있다
잃어버린 자기들의 왕국을 가득히 보듬고 있다

*《산림문학》2016 봄 · 여름

금반지

부처님 전에 삼배를 올리느라
마룻바닥에 손 놓고 엎드리니
넷째 손가락에 끼인
황금빛 가락지가 눈앞에 콕 박힌다
오직 빌고 비는 것 우리 집
한참을 눈 감고 있다가
일어서면
내 앞에 버텨 선 황금빛 부처님
당신은
이 세상에 끼인 큰 금가락지만 같으오

* 《건달바》2016

우는 법

나는 우는 법을 잘 몰라
마치 음치처럼
음음대기만 했고,
사는 법에 서툴러
눈총 받으며 살았다
내 몸이 나무토막 같아만져서
아궁이에 던져져 불타고 있다
밥그릇 같은
지친 그리움
횟배를 앓고 있는데
울음보가 있다면
언제 터지나
언제 터지나

* 《시에》2016 봄

우리집 관세음보살

이불을 밀치고 놓은 상床
당신과 마주 앉아 겸상을 한다
축 늘어진 난닝구를 걸친 그대와
어제 저녁 먹다 남은 동태국을 얹어 놓고
고기 토막을 서로 떠 준다
밥을 먹고 고소한 옥수수차를 가져 오면서
님을 보니
도톰한 입술에
흰 목살,
늘어진 가사袈裟 밑으로 부연 살결
아
나는 오늘 아침
관세음보살님과 식사를 한 것 같았다

* 《시에》2016 봄

제4부 혀 숟가락

고라니 같은 님

저 산이 저리 아름다운 건
그 속에 든 님들
때문이리라
모든 걸 훌훌 버리고
가서는 다시 돌아오지 않는
고라니 같은 님
때문이리라
저 산 능선이 저리 높은 건
옛날부터 떠나간 님들
가서는 안 오시는
그 님 모습
때문이리라
아 얼마나 많은 사람들이 산으로 갔는가
살아서는 잊히고
죽어서는 묻힌
님
산자락에 반짝이는 불빛을 보면
님에게로 가는 길이

예서 보인다

* 《스토리문학》2015 겨울호

길, 고양이 발

그대 발, 길 위에 있네
편안하게
앞발로 길을 잡았네
(자기가 가지는 존재는 없다)
인생은
돌고 도는 것
가는 길은
언제나 오는 길과 마주서는데
그대 발, 길 위에 있네
그 앞발, 부드러운 발, 장난치던 발, 공 굴리던 발, 내 손 잡던 발
그대는 길 위에 있고
나는 가네
아 그러나 붉은 창자
길 밖에 있네

* 《스토리문학》2015 겨울호

죽은 새

호밀 멀쑥이 자랐고
낙양동洛陽洞 방천 둑 나무에서
비린내 풍기는 늦봄
다리 걸 슈퍼 마루에
사내 하나 앉았다
품안에 살던 새
날아갔던가
곧 울 것 같은 표정으로
통막걸리 나발을 불고 있었다
하늘은 꾸무리한데
걷다보니
낙양교 난간에 죽은 새 한 마리 얹혀
앙상하게 말라가고 있었다
서성거리던 나는
그 풍경 속에 들어가
막걸리 한 통 사는 것이었다

* 『낙동강시선집』2015

등나무

도로 옆에 등나무 쉼터가 하나 있다
잎은 다 떨어지고 앙상한 가지들만 구불구불 엉겨있다
그 아래 세멘으로 만든 탁자며 의자가 놓였다
헌데 바람이 불고 날이 추워 쉬는 사람은 없다
어느 날 이 길을 지나며 그 등나무를 부러워한 적 있다
한 뿌리에서 자란 수만 가지들이 서로 엉겨있었기 때문이었다
잎이 무성하여 그늘을 만들 땐 쉬어가는 사람들 많았지만
잎이 지면서 그 사람들 모두 흩어졌다
그러나 저 등나무 서로 엉겨서, 떨어져 있음을 거부하고 있으니
쓸쓸한 이 몸은 그게 부럽다
오늘 봄볕이 살짝 다가 와 살랑살랑 아지랑이 피는데
그 흩어진 사람 중 하나인 내가 다시 그 밑을 서성이며

그들이 엉긴 그 하늘을 내다보고 있다

*《산림문학》2015 가을 · 겨울

벼

벼는 농부의 키만큼 자라서
논둑 저 쪽
구부려 풀을 깍고 있는
그의 등 너머로 넘실거렸다
삽작을 들어서는다 큰 아들처럼
여무는 낱알들이
'아버지' 하고 부르는 듯 했다

* 『천태산은행나무시선집』2015

다리를 꼬고 앉아

다리를 꼬고 앉아
눈을 감으면
밖으로 흩어졌던
어설픈 맘들이
모두 다 내 앞에 와 엎드린다
억지부리지 말고
구걸하지도 말고
내 안으로 다시 들어 와
나답게 살자고
다짐해 보면
밖으로 나갔던 마음이
다 내 안으로
들어와서는
솔솔솔 졸음도 오고
야릇한 꿈 구름도 머리 속에 와 걸리고
내가 나답게
아
내가 나답게

고요해지고 또 고요해진다

* 《작가정신》2015 상반기호

상床을 닦으며

상을 닦다보니
당신 얼굴이
이 상에 비치는 듯 하오
겸상을 하고
세상을 건너던 많은 이야기를
나누던 상
상을 닦다보니
당신 얼굴이 까만 옻칠한 그 속에
은은히 새겨져 있는 듯 하오
깨끗한 행주로 쓰윽
그 얼굴을 훔치니
사무쳐 눈물이 가득
행주에 머금는 듯 하오
당신과 나
나와 당신

* 《작가정신》2015 상반기호. 〈한국일보〉 2015.9.15

복룡동 358번지

구멍가게를 돌아서
곶감 열린 노인 집을 돌아서
사철나무가 묵어 가득한 마당
좁은 눈길 골목 밟고 오면
여기 복룡동 358번지
님께서 계시던 곳
부처님!
옛날의 하늘은 아직도 푸르고
고드름에서 떨어지는
낙법도 여전한데
님이여!
서걱거리던 옥수수대와 더불어
이 골목에
배고픈 길고양이 한 마리
지금도 현존하고 있나이다

* 《시에》2015 봄

광화문

광화문 앞길은 삼거리인가
사거리인가
광화문 문구멍은 세 개지만
차량이 통과할 수 없고
항상 닫혀있다
그러고 보면 삼거리
남대문 쪽
서대문 쪽
동대문 쪽은 통하지만
광화문 뒤에 숨은 권력은
길을 막았다
오롯이 한 길을 다 차지하고도
통행금지를 취하고 있으니
길은 없어도
통할 수 있는 방법은 많지만
그것마저
통할 수 없는
북악 아래 광화문은

불통의 상징
저항의 앞마당이다
세상은
전설의 고향처럼
아직 무섭다

* 《작가정신》2014

뜨락에 나무

뜨락에 나무는 심을 게 못 된다
한해살이 채소가 엎드려 김을 매는 동안
나무는 세력을 기르고
지배를 꿈꾸기 때문이다
나무는 그늘을 거느리려고
가만히 가만히 눈 뜨고 있다
뜨락에 나무는 심을 게 못 된다
나무는 오직 제 살 궁리로 자라서
작은 정원을 다 덮어버린다

* 《작가정신》2014

혀 숟가락

당신의 혀는 숟가락이다
매일 매 끼니마다 내 입 속에 들어 와
나를 살리는 밥과 같은
그런 숟가락
당신과 나는 늘 입 속에서 만난다
기쁨과 슬픔의 말들을
늘 당신의 혀와 내 혀가 만나서 얘기를 나누고
어우러져 부딪힌다
그렇게 그렇게 한 세상이다
어울렁 더울렁
입 속에서 혀와 혀가
밥그릇 속에서 숟가락과 숟가락이
한 밥상 위에서
밥을 뜨고 국을 뜨고
혀와 혀가
숟가락과 숟가락이 부딪고
그 감촉으로 한 세상을 산다
당신과 나

나와 당신

* 《사람의문학》2014 겨울호

문 밖에 놓인 샌들

문 밖에 놓인 샌들이여
그 볼은 좁고 굽은 높다
그대의 흰 발이 사뿐히 내려앉은
지상에서
기쁨을 찾아
아름다움을 찾아서
감동적인 삶을 꾸리기를
누에가 실을 게워 고치를 만들 듯
황홀하였을 것인데
문 밖에 놓인 샌들이여
거기 뭉툭한 구두 옆에
가지런히 벗어 두었구나
맨몸으로
황도黃道를 지나 듯
방안에서
은하가 흐르는 방안에서
찰랑찰랑 우주의 큰 집을
작은 방에 옮겨

역사의 한 점을 찍는다
문 밖에 놓인 샌들이여
그 볼은 좁고 굽은 높다

* 《사람의문학》2014 겨울호

오어사吾魚寺

1

혼자 겨울 오어사에 가서
얼음 밑에 피라미 새끼 몇 있는가
쿵쿵 발로 굴러보던 쓸쓸한 생각들
낙목落木처럼 세상에 꽁꽁
덜렁 남아서

2

이러고 앉아 있는데
앞자리에 앉은 그대가
갑자기
푸하하하 웃는다
원효元曉와 혜공惠空이
걸망태 지고 저자에서 웃듯
내려다보면 골 아픈 일들이
쌓이었는데
갑자기 웃는 바람에
그 종잇장들 다 날아간다

3
여요오어汝尿吾魚

물고기가 사람 내장을 통과해도
그대로
산 물고기로 나오 듯
내가 삼킨 사물도 온전히
자연自然으로 돌아 갈 건지

4
웃음은 시간을 멈추게 한다
웃음은 세월을 토막낸다
핫핫핫 웃어 볼 껴
그 순간만은 이 이어지는 生의
모든 사물과 분리 된다
그래
오롯이 자신自身으로 돌아 갈 건지

5
어제 저녁 개다리소반을 사이에 두고
당신과 내가 티격태격할 때
유리잔에 고인 맑은 술이

잠시 울렁출렁했었지
당신도 한고집하고
나도 만만찮은데
그래도 결국 한 이불 속에서 자고 일어나
오늘 사무실에 앉아서
꾸벅 졸면서 생각하느니
당신은 원효요
나는 혜공이로다
당신은 혜공이요
나는 원효이렸다

* 오어사 : 포항시 오천읍 운제산 동쪽기슭에 있는 신라시대 때 창건된 사찰이다. 원효대사와 혜공선사가 함께 이곳에서 수도를 했는데, 그때 두 대사가 법력 시합을 했다고 한다. 개천의 물고기를 한 마리 씩 잡아 산 채로 삼킨 다음 대변을 보아 고기가 살아서 나오게 하는 시합이었다고 한다. 그 결과 한 마리가 살아서 나왔는데, 그 살아 나온 고기가 서로 자기가 삼킨 고기라고 우겼다고 하여 오어사라는 이름이 붙었다고 한다.

* 《건달바》2015

동행

여름장마는 설악산 꼭대기 그 심중이 으리으리한 흰 바윗돌을 씻고 씻어서 용대리 백담사 앞개울을 콸콸콸 흘러가고 있습니다. 만해마을 앞 사방보 시멘트 구조물 물구덩이로 세차게 흐르는 그 차가운 물이 빠르고 빨라서 작은 인간의 마음을 물레방아 돌리고 또 돌리고 있습니다. 소슬한 바람 한 줄기 지나가고, 물 통로 이 쪽과 저 쪽 난간을 만약에 뛰어서 건너야 된다면 나는 어찌어찌 발돋움으로 건너 뛸 수가 있겠습니다만, 당신은 건너지 못할 것 같습니다. 세찬 세상의 풍파가 먼데서 울리는 종소리처럼 오고가는 속에서 당신이 이 내를 건너지 못하므로 나도 그냥 여기에 있을 것입니다. 오 여기에 있을 것입니다. 그러므로 우리는 여기에서 흙먼지가 되고 바람이 됩니다. 솔바람이 됩니다. 냇물에 닳은 돌멩이가 됩니다. 그래서 이 땅을 떠날 수 없습니다. 당신과 함께 여기 이 감옥에서 해골이 될 것입니다.

* 《사람의문학》2014 가을호

일기를 쓰는 일이

일기를 쓰는 일이 부질없다 생각되어
눈물 흘렸오
애애앵 달려만 드는 모기 같은 것들을
급박하게 쫓아내던 하루
그 밤이 지나면
아무렇지도 않은 아침이
당도한 것처럼
하루에 또 하루를 얹은
어제와 오늘이
쇠털같이 많고 많아서
그 하루치 일기를 쓰는 일이
부질없다 여김은 무슨 뜻이려뇨
일기를 쓰는 일이
잡초만 웃자란 묵농사를 짓는 것만 같아
그만 두기로 했오

* 《사람의문학》2014 가을호

낙동강 강창교

강창교 밑 낙동강물의 유속은 빠르다
푸르고 깊다
강바닥에 검은 강돌이
소리를 내며 미끄러진다
꾸루룩 꾸루룩 무서운 소리다
저 쪽 강물은 빙빙 한 바퀴 돌기도 한다
강창 잠수교 다리 위에서
서성거리다가
돌멩이 하나를 툭 찼는데
떨어져 강물 속으로 흘러 간 그 돌
어디로 흐르는가
우리의 이별도 이와 같은가
저 먼 하늘 끝을 바라보자니
뼈가 시리도록 아리다
강물 흐르는 소리
꾸루룩 꾸루룩
그 속으로 들어 간
다시는 볼 수 없는 것이여

흐르는 것은 왜 이리 아픈가

《시에》2008 봄